sekolahan - yachay wasi	2
perjalanan - ch'usay	5
angkutan - astana	8
kutha - llaqta	10
lanskap - wanlla	14
restoran - mikhuna wasi	17
supermarket - jatun qhatu	20
ombenan - upyanakuna	22
panganan - mikhuna	23
kebon - chakra wasi	27
omah - wasi	31
ruang tamu - k'illi wanlla	33
pawon - wayk'una wasi	35
jedhing - akana wasi	38
kamar anak - wawa k'uchu	42
klambi - p'acha	44
kantor - ujisina	49
ekonomi - qullqikamay	51
gawean - llamk'aykuna	53
alat - ruk'awi	56
alat musik - takichiy nakuna	57
kebon kewan - jatun uywa kancha	59
olahraga - atipanaku pukllay	62
kegiatan - ruwakuna	63
keluarga - yawar masikuna	67
awak - uqhu	68
griya sakit - Jampina wasi	72
dharurat - urjinsia	76
bumi - Pacha	77
jam - phani (kuna)	79
minggu - qanchischaw	80
tahun - wata	81
wangun - pacha tupusqa rikch'ay	83
warna - llimp'ikuna	84
kontras - wakjinakuna	85
angka - yupaykuna	88
basa-basa - simikuna	90
sapa / apa / piye - pi / ima / imayna	91
neng endi - maypi	92

Impressum
Verlag: BABADADA GmbH, Nedderfeld 112 , 22529 Hamburg
Geschäftsführer / Verlagsleitung: Harald Hof
Druck: Books on Demand GmbH, In de Tarpen 42, 22848 Norderstedt

Imprint
Publisher: BABADADA GmbH, Nedderfeld 112 , 22529 Hamburg, Germany
Managing Director / Publishing direction: Harald Hof
Print: Books on Demand GmbH, In de Tarpen 42, 22848 Norderstedt

sekolahan
yachay wasi

- kelas / yachaqaywasi
- para rak'iy
- blabag kanggo nulis / pirqa qillqana
- latar sekolah / kancha
- guru / yachachiq
- dluwang raphi
- nulis qillqay
- pen qillqana
- meja llamk'a jamp'ara
- garisan chiqanchana
- buku p'anqa
- murid yachaqaq

tas sekolah
wayaqa

tepak potlot
p'uktaki llimp'i qillqana

potlot
yana qillqana

orotan potlot
ñawch'ina

setip
qillqakhituna

lemek nggambar
qillqana p'anqa siq'inapaq

gambar
siq'i

kuwas
chukcha llimp'ina

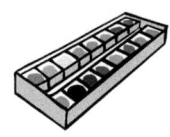
tepak cat nggambar
p'uktaki llimp'ikuna

gunting
k'utuna

lem
k'akachana

buku latihan soal
qillqana p'anqa ruwanakuna

pakaryan omah
kamachinakuna

angka
yupay

tambah
yapay

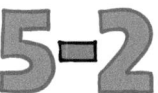
suda
qhichuqay

ping
mirachay

itung
yupanchay

aksara
sanampa

abjad
sanampakuna

tembung
simi rimay

sekolahan - yachay wasi

teks
qillqa

maca
ñawiriy

kapur
iskuna

wulangan
yachachina

dhaptar
qillqana p'anqacha

ujian
chaninchana

sertipikat
certificaru

sragam sekolah
uniforme

pendhidhikan
yachay

ensiklopedia
jatun simi pirwa

universitas
Jatun yachaywasi

mikroskop
microscopio

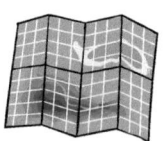

peta
saywa siq'i

kranjang larahan
raphi chuqana

sekolahan - yachay wasi

perjalanan
ch'usay

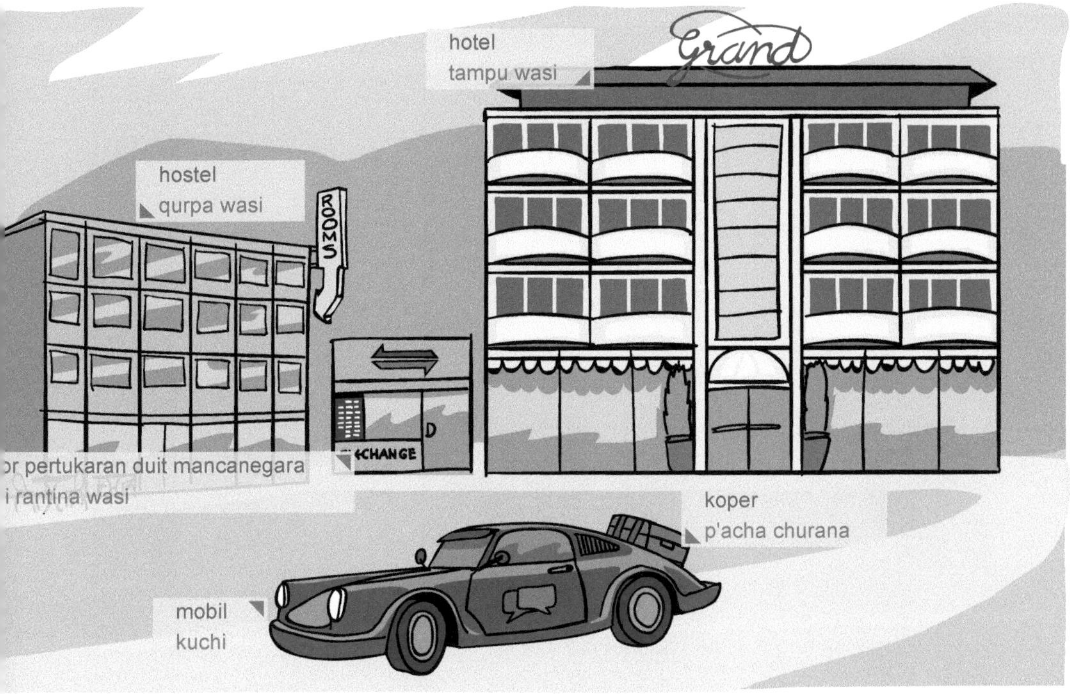

hotel
tampu wasi

hostel
qurpa wasi

or pertukaran duit mancanegara
i rantina wasi

koper
p'acha churana

mobil
kuchi

basa
simi

iya / ora
ari / mana

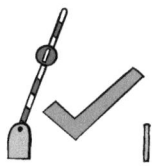

oke
ari

halo
Imaynalla

juru basa
tikraq

matur nuwun
Pachi

Piro regane ...?
¡Machkhataq?

aku ora ngerti
Mana yachanichu

masalah
ch'ampay

Sugeng dalu!
¡Allin tuta!

Sugeng enjang
¡Allin P'unchaw!

Sugeng dalu!
¡Allin tuta!

pareng
tinkunakama

arah
pusachay wasi

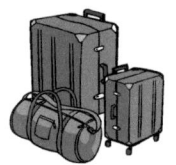
koper
q'ipi

tas
wayaqa

ransel
wasa wayaqa

tamu
jamuynisqa

kamar
wasi

kantong turu
puñunapaq wayaqa

tenda
tienda

perjalanan - ch'usay

informasi turis
turismu willakuy

pantai
quchapata

kertu kredit
tarjita kriditumanta

sarapan
paqarin mikhuy

mangan awan
chawpi p'unchaw mikhuy

mangan ing wayah bengi
tuta mikhuy

tiket
qullqi

lift
makina wicharinapaq

perangko
unanchana

watesan
saywa

cukai
adwana

kedutaan
imwajada

visa
visa

paspor
pasapurti

angkutan
astana

montor mabur
lata p'isqu

kapal
wamp'u

mesin pemadam kobongan
bumbiru kuchi

bis
awtuwus

truk
kamiun

prahu motor
mutur wamp'u

sepeda
wisiklita

mobil
kuchi

feri
quchacha

perahu
wamp'u

sepeda motor
mutu

mobil polisi
pulisiyap autun

mobil balapan
usqay karru

mobil sewa
kuchi manukuna

sewa mobil
kuchi manu

truk derek
grua

truk resek
q'upa kamiun

motor
mutur

bensin
gasulina

pom bensin
gasulinamanta istasiun

tanda dalan
chakatana sanampa

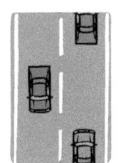

lalu lintas
trajiku

macet
chakatana

parkir mobil
istasiun

stasiun sepur
trin estasiun

ril sepur
ñankuna

sepur
trin

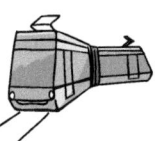

tram
tranwia

grobak
wagun

angkutan - astana

helikopter	lapangan montor mabur	menara
ilikuptiru	lata p'isqu kiti	pukara

 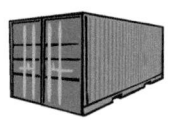 

penumpang	kontener	kerdhus
pasaqlla	jatun p'uktaki	karton p'uktaki

  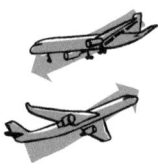

troli	kranjang	mabur / ndarat
kapachu	isanka	phaway / uray

kutha
llaqta

desa	tengah kutha	omah
llaqta	chawpi jatun llaqta	wasi

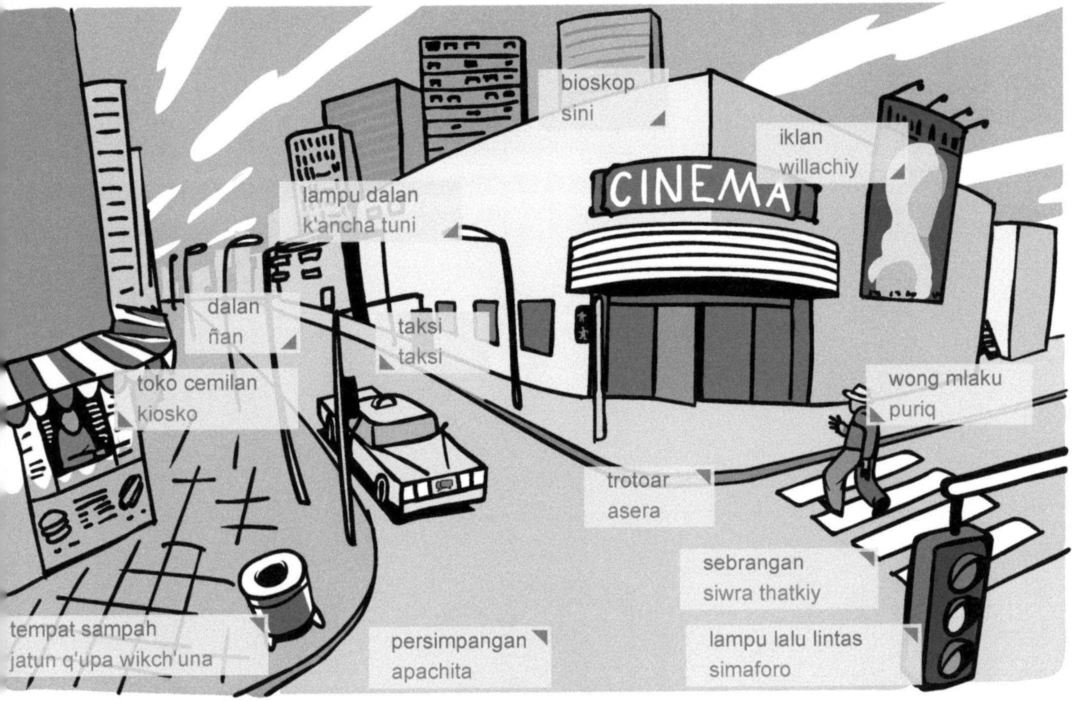

bioskop / sini
iklan / willachiy
lampu dalan / k'ancha tuni
dalan / ñan
taksi / taksi
toko cemilan / kiosko
wong mlaku / puriq
trotoar / asera
sebrangan / siwra thatkiy
tempat sampah / jatun q'upa wikch'una
persimpangan / apachita
lampu lalu lintas / simaforo

gubuk
ch'ullka

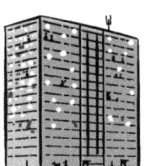

apartemen
apartamento

stasiun sepur
trin estasiun

bale kutha
tantanakuy wasi

museum
rikuchina wasi

sekolahan
yachay wasi

kutha - llaqta

universitas
Jatun yachaywasi

bank
qullqi pirwa

griya sakit
Jampina wasi

hotel
tampu wasi

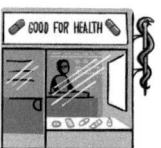
apotek
jampi ranqhana wasi

kantor
ujisina

toko buku
p'anqa pirwa

toko
tienda

toko kembang
t'ika wasi

supermarket
jatun qhatu

pasar
qhatu

toko sarwa ana
jatun pirwa

toko iwak
challwa wasi

mal
jatun rantina wasi

pelabuhan
wamp'u qhispinan

kutha - llaqta

taman
jark'asqa chiqan

bangku
qullqi pirwa

tretek
chaka

andha
wichana

metro
metro

trowongan
suqhu

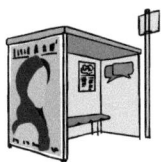

halte bis
autuwus sayana

bar
bar

restoran
mikhuna wasi

kotak surat
willa qillqa juch'uy wanqara

pratandha dalan
t'uqsi tuni

meteran parkir
parkimetro

kebon kewan
jatun uywa kancha

kolam renang
armakuna

masjid
meskita

kutha - llaqta

kebon
chakra wasi

polusi
pacha unquchiq

kuburan
Aya pampa

greja
iñiy wasi

panggon dolanan
pukllana kancha

candi
Qhapana

lanskap
wanlla

- godong / raphi
- plang sanampa
- dalan / ñan
- beran waylla
- watu rumi
- uwit sach'a
- wong munggah puriq runa
- kali mayu
- suket sach'a
- kembang t'ika

lanskap - wanlla

lembah	bukit	tlogo
qhichwa	muqu	qucha
	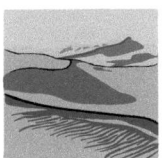	
alas	ara-ara	gunung geni
Sach'a sach'a	purun	nina phuqchiq urqu

keraton	kluwung	jamur
kastilla wasi	k'uychi	champiñun

uwit palem	lemut	laler
chunta	ch'uspi	ch'uspi

semut	tawon	angga-angga
sik'imira	wara	kusi kusi

lanskap - wanlla

kumbang
ch'iqi

kodok
k'ayra

bajing
artilla

landhak
askanku

truwelu
liwre

manuk dares
ch'usiqa

manut
p'isqu

banyak
yuku p'isqu

celeng
sintiru

kidang
sierwu

menjangan
alsi

bendungan
waykhasqa

turbin angin
wayrakallpa

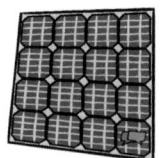

panel srengenge
inti panil

iklim
pacha wayra

lanskap - wanlla

restoran
mikhuna wasi

- laden / wayna yanapaq
- menu / menu
- kursi / tiyana
- pizza / pitsa
- sop / supa
- alat mangan / tumina
- taplak meja / mast'a jamp'ara

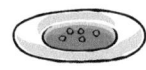

hidangan pambuka

ñawpaq mikhuna

menu utama

yari mikhuna

hidangan penutup

mikhuy yapa

ombenan

upyanakuna

panganan

mikhuna

gendul

wutilla

panganan instan
saqra ura

jajan cemilan
kalli mikhuna

ceret teh
te churana

kaleng gula
misk'i churana

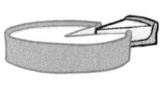

porsi
chhika

mesin espresso
cajitira iksprisu

kursi duwur
jatun tiyana

tagihan
yupay

baki
bandija

lading
tumi

sendok garpu
tinidur

sendok
wislla uña

sendok teh
juch'uy wislla uña

serbet
simi pichana

gelas
qhispi akilla

restoran - mikhuna wasi

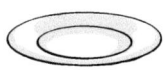

piring
chuwa

piring sop
chuwa

lepek
chuwa

duduh
salsa

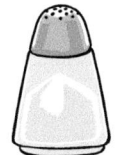

gendul uyah
kachi churana

bubuk mrico
pimienta kutana

cuka
k'allkucha

lenga
llukllu

bumbon
ch'aki q'mirkuna

saos tomat
ketchup

mustar
mostaza

mayones
mayonisa

restoran - mikhuna wasi

supermarket
jatun qhatu

tawaran khusus — kusa ranqhanapaq

langganan — rantiq

produk saka susu — willalli

troli — rantina karro

woh-wohan — puquy

toko daging

aicha wasi

toko roti

t'anta wasi

nimbang

llasay

janganan

q'umirkuna

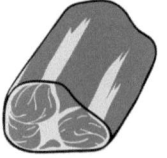

daging panggang

aycha

panganan beku

chhullunka mikhuna

supermarket - jatun qhatu

irisan daging
quqawi

panganan kaleng
mikhuna unaychasqa

deterjen
ditirjinti

permen
misk'ikuna

produk reresik omah
wasimanta pruduktu

produk reresik
maylla produkto

bakul
ranqhaq

mesin kasir
kartun p'uktaki

kasir
kajiru

daftar blanja
sinru qillqa rantina

jam buka
sumaq runa uyarina phani

dompet
qullqi wayaqa

kertu kredit
tarjita kriditumanta

tas
plastiko wayaqa

tas kresek
plastiku wayaqa

ombenan
upyanakuna

banyu
yaku

jus
jilli

susu
ch'awa

ombenan kanthi karbon
coca cola

anggur
vino

bir
sirwisa

alkohol
alkula

coklat
kakawu

teh
te

kopi
caji

espresso
ieksprisu

cappuccino
capuchinu

panganan
mikhuna

gedhang
platanu

apel
mansana

jeruk
laranja

semangka
milun

jeruk lemon
limun

wortel
sanawrya

bawang
aju

pring
wamwu

bawang
siwulla

jamur
champiñun

kacang
awillana

bakmi
jirius

panganan - mikhuna 23

spageti ispawiti	sego arrus	salad sarsa

kentang goreng papa kanka	kentang goreng papa kanka	pizza pitsa

hamburger amwirkisa	roti isi sanwich	daging irisan jiliti
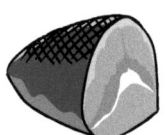		
daging ham jamun	salami salami	sosis salchicha

pitik chichilu	daging panggang aycha kanka	iwak challwa

panganan - mikhuna

bubur gandum
p'aqa awina

muesli
muesli

sereal jagung
p'aqa sara

glepung
jak'u

croissant
krwasan

roti
k'awka

roti
t'anta

roti panggang
t'anta jamk'a

biskuit
khamuna

mertega
mantikilla

dadih
ñuqñu

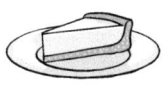
kue
pastil

endog
runtu

endog goreng
runtu kanka

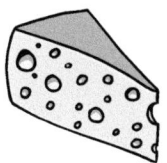
keju
masara

panganan - mikhuna

es krim
chullunka misk'i

gula
misk'i

madu
wayrunq'u misk'i

sele
mirmilara

krim nugat
krima turrunmanta

kare
kurri

panganan - mikhuna

kebon
chakra wasi

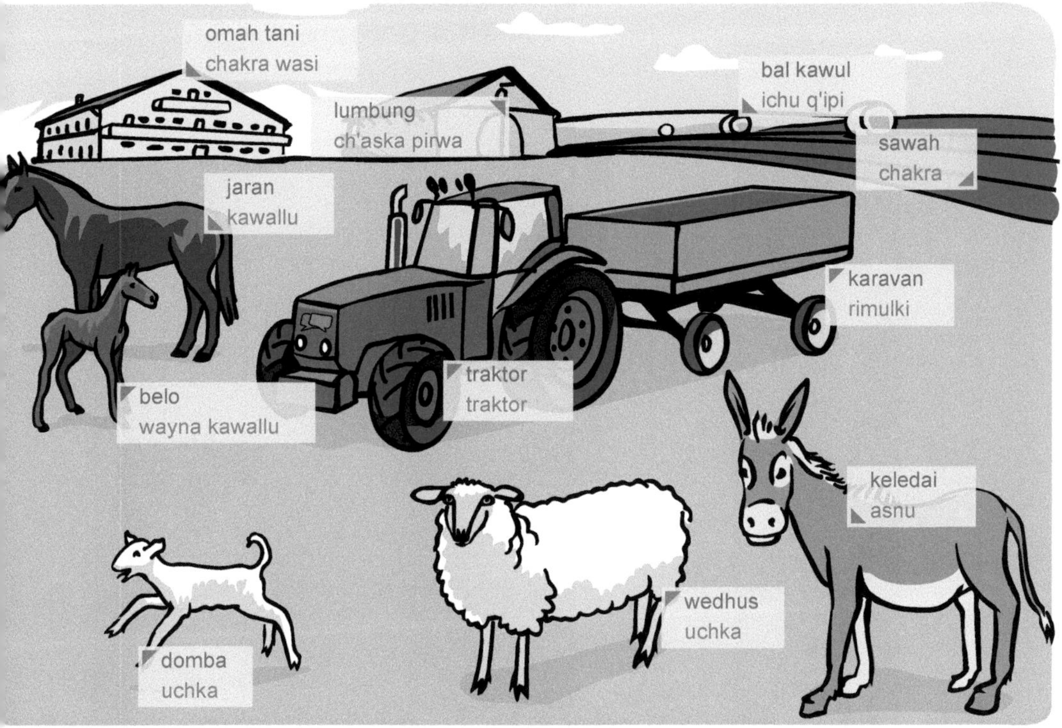

omah tani
chakra wasi

lumbung
ch'aska pirwa

bal kawul
ichu q'ipi

sawah
chakra

jaran
kawallu

karavan
rimulki

belo
wayna kawallu

traktor
traktor

keledai
asnu

domba
uchka

wedhus
uchka

wedhus
karwa

sapi
waka

pedhet
waka uña

babi
khuchi

gambluk
khuchi uña

kebo
turu

kebon - chakra wasi

banyak
wallata

bebek
pili

kuthuk
chchilu

babon
wallpa

jago
k'anka

tikus
jatun juk'ucha

kucing
misi/michi

tikus
juk'ucha

sapi
turu

asu
alqu

kandang asu
alquwasi

selang
mankira

gembor
qarpana jalp'a

arit gede
rutuna

waluku
taklla

arit gede
rutuna

pacul
liwk'ana

garu
sipina

kapak
ayri

grobak surung
kapachu

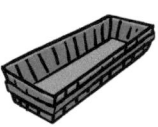

wadah pakan
yaku upyana

kaleng susu
willalli purunku

karung
jatun wayaqa

pager
jark'aq ch'ipa

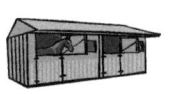

kandang
kancha wasi

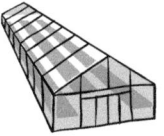

omah kaca
inwirnadiru

lemah
pampa

wiji
muju

rabuk
wanu

traktor panen
makina allana

manen
allay

panen
allay

ubi
ñame

gandum
tiriwu

kedelai
soya

kentang
papa

jagung
sara

lobak
kulsa luru

wit woh-wohan
wayu sach'a

telo
mandiuka

sereal
ch'aki puquy

kebon - chakra wasi

omah
wasi

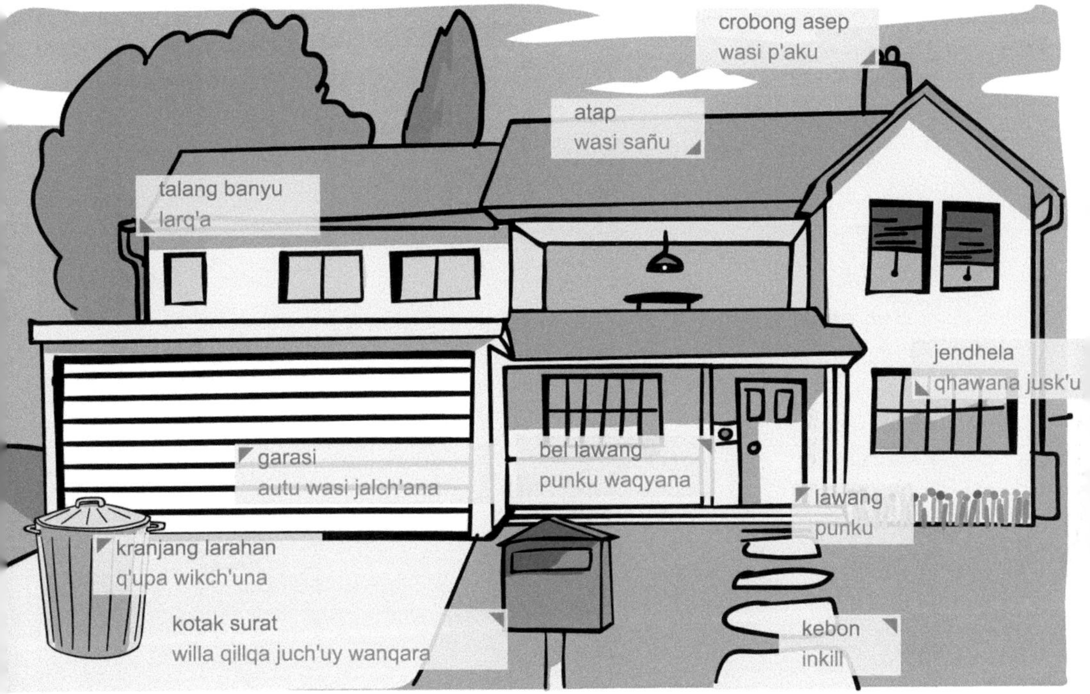

crobong asep
wasi p'aku

atap
wasi sañu

talang banyu
larq'a

jendhela
qhawana jusk'u

garasi
autu wasi jalch'ana

bel lawang
punku waqyana

lawang
punku

kranjang larahan
q'upa wikch'una

kotak surat
willa qillqa juch'uy wanqara

kebon
inkill

ruang tamu

k'illi wanlla

jedhing

akana wasi

pawon

wayk'una wasi

kamar turu

puñuna wasi

kamar anak

wawa k'uchu

kamar panedhaan

mikhuna k'uchu

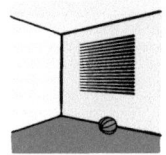

jobin
pampa

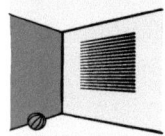

tembok
pirqa

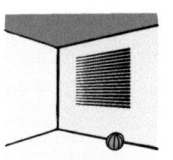

pyan
wasip khatan

gudhang ing njero lemah
wasi ukhun

sauna
sawna

balkon
walkun

teras
pirqa

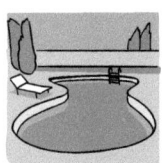

blumbang kanggo nglangi
armakuna

mesin kanggo motong suket
k'achina

lembaran
iqana

sprei
khatana

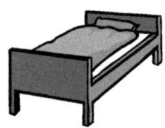

dipan
puñuna

sapu
pichana

ember
yaku aysana

tombol
k'ancha jap'ichiq

ruang tamu
k'illi wanlla

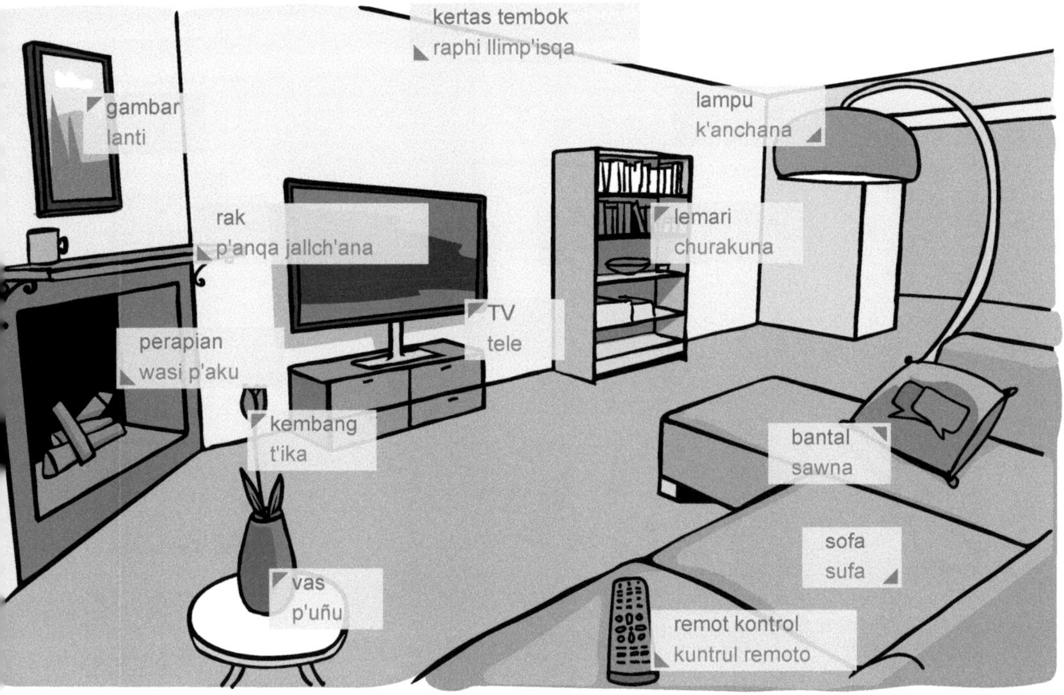

- kertas tembok / raphi llimp'isqa
- gambar / lanti
- lampu / k'anchana
- rak / p'anqa jallch'ana
- lemari / churakuna
- perapian / wasi p'aku
- TV / tele
- kembang t'ika
- bantal / sawna
- vas / p'uñu
- sofa / sufa
- remot kontrol / kuntrul remoto

karpet
pampa mast'ana

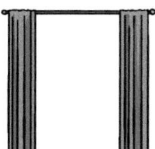

korden
arapa

meja
jamp'ara

kursi
tiyana

kursi goyang
chhuku tiyana

kursi tangan
kirana

buku
p'anqa

selimut
mast'a

dekorasi
t'ikanchay

kayu bakar
llamt'a

film
pelikula

hi-fi
takina ekipu

kunci
ch'atana

koran
mit'awa

lukisan
llimp'i

poster
poster

radio
wayra simi

buku catetan
qillqana p'anqa

penyedot lebut
aspiradora

kaktus
pukru

lilin
ispilma

ruang tamu - k'illi wanlla

pawon
wayk'una wasi

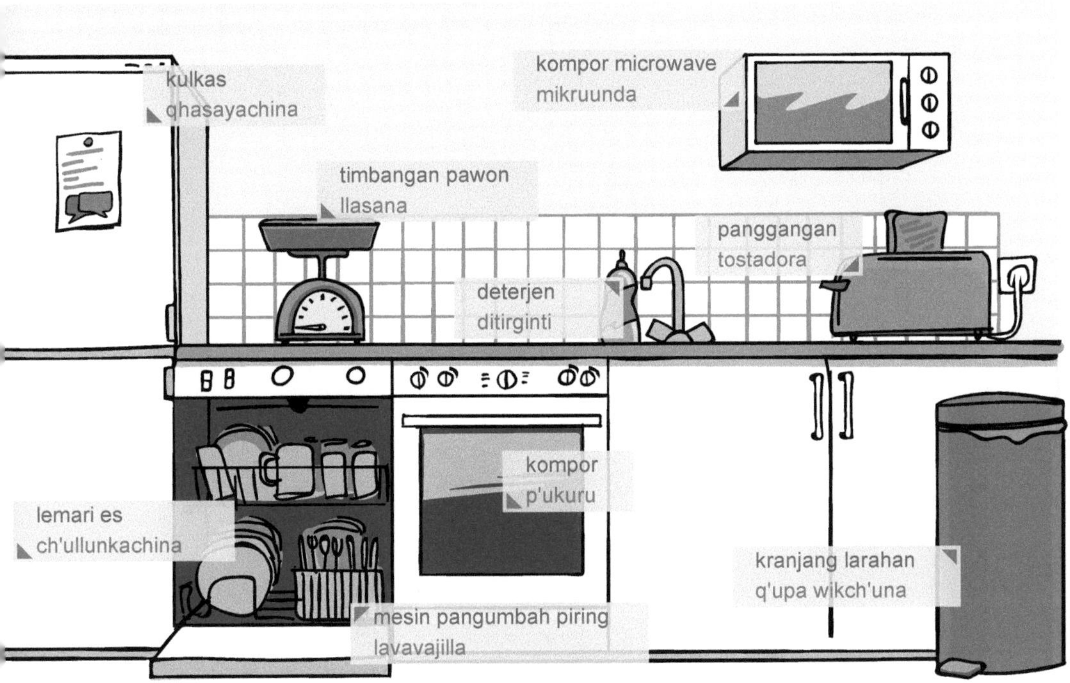

- kulkas / qhasayachina
- kompor microwave / mikruunda
- timbangan pawon / llasana
- panggangan / tostadora
- deterjen / ditirginti
- kompor / p'ukuru
- lemari es / ch'ullunkachina
- kranjang larahan / q'upa wikch'una
- mesin pangumbah piring / lavavajilla

kompor
presiun manka

panci
manka

panci wesi
q'illa manka

wajan
wok

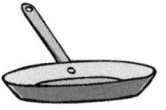

wajan
payla

ceret
thimpuchina

kukusan
wapsina

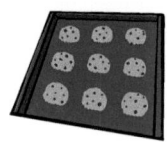
loyang
p'ukuru punku

pecah belah
vajilla

mug
tasa

mangkok
tason

sumpit
palillo

irus
wislla

solet
phusuqa urquna

udeg
qaywina

ayakan
isanka

saringan
suysuna

parutan
thupana

lumpang
kutana

panggangan
kawitu

geni
nina jap'ichina

pawon - wayk'una wasi

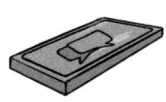

telenan
k'ullu kuchunapaq

gilingan adonan
tuquru

kotrek
sacacurchu

kaleng
lata

bukaan kaleng
lata kichana

cempal
jap'ina

wastafel
chuwa mayllana

sikat
sipillu

sepon
ispunja

blender
watidora

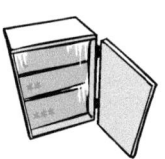

kulkas
ch'ullunkachina

gendul bayi
biberon

kran
grifo

pawon - wayk'una wasi

jedhing
akana wasi

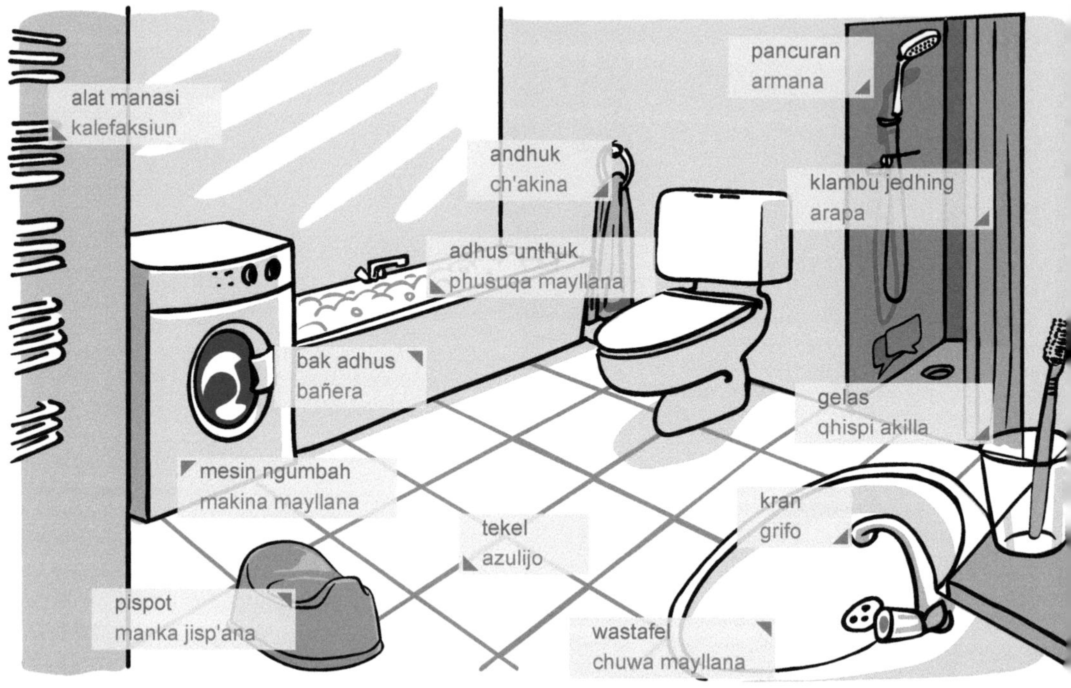

- pancuran / armana
- alat manasi / kalefaksiun
- andhuk / ch'akina
- klambu jedhing / arapa
- adhus unthuk / phusuqa mayllana
- bak adhus / bañera
- gelas / qhispi akilla
- mesin ngumbah / makina mayllana
- kran / grifo
- tekel / azulijo
- pispot / manka jisp'ana
- wastafel / chuwa mayllana

jamban
akana

jamban dhodhok
yakupaka

bidet
bidet

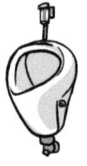

pissoir
jisp'ana

tisu jamban
papel higieniku

sikat jamban
water pichana

sikat untu
kiru khituna

odol
kiru pasta

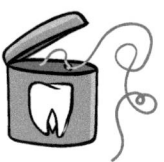

bolah untu
kiru q'aytu

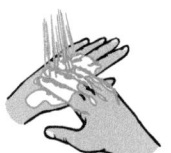

ngumbahi
mayllay

gagang shower
armana makiwan

pancuran
armana

baskom
pila

sikat geger
wasa cepillo

sabun
t'arta

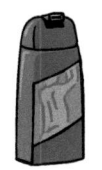

gel pancuran
llukllu armanapaq

sampo
champu

hem
ch'akina

nguras
ch'chi yaku wikch'una

krim
krima

deodoran
kuntu wayllak'upaq

jedhing - akana wasi

pangilon
qhispi

koco tangan
qhawakunaqhispi

silet
mumikuna

umpluk cukur
phusuqu mumikunapaq

aftershave
lusiun mumikunapaq

jungkat
sikrana

sikat untu
kuiru khituna

hairdryer
sekadora

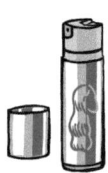

hairspray
ispray

dandanan
makillaji

gincu
simi llimp'ina

kuteks
llimp'i sillu

kapas
ampi

gunting kuku
sillu k'utuna

parfum
untu

jedhing - akana wasi

kantong adhus
wayaqa ch'usanapaq

dingklik
chukuna

timbangan
aysana

ubah kanggo sawise adhus
bata

sarung karet
maki wayaqa gumamanta

tampon
tampon

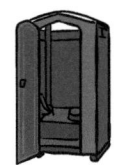

pembalut
raphi ch'akina

jamban nganggo bahan kimia
akanapaq tiyana kimiku

kamar anak
wawa k'uchu

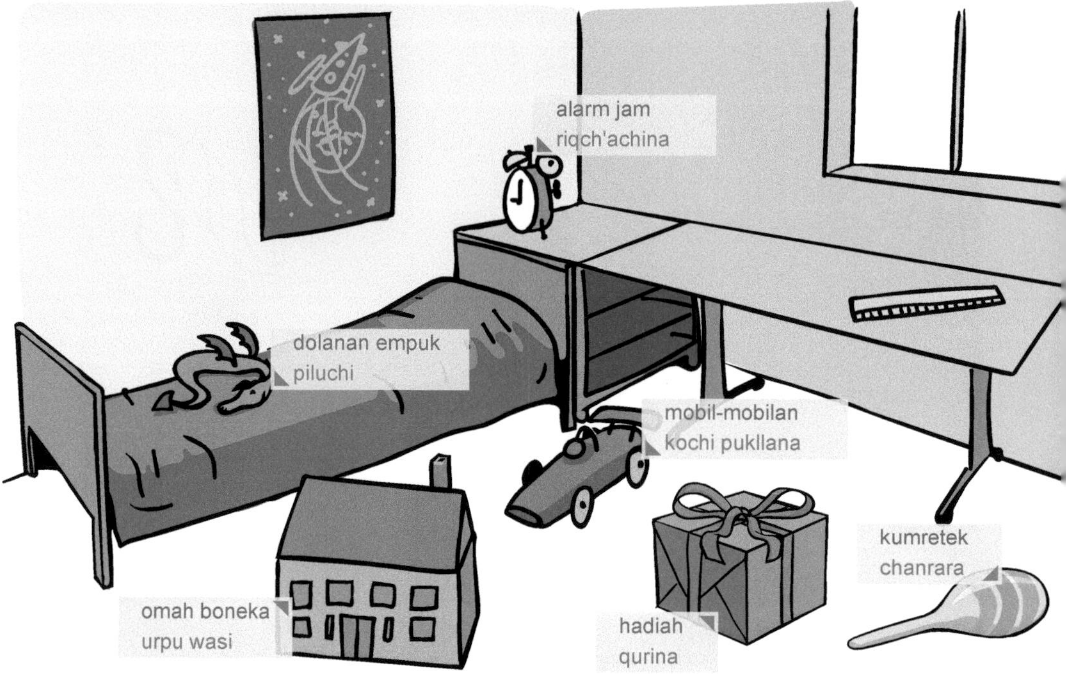

alarm jam / riqch'achina

dolanan empuk / piluchi

mobil-mobilan / kochi pukllana

kumretek / chanrara

omah boneka / urpu wasi

hadiah / qurina

balon
phuyu phuku

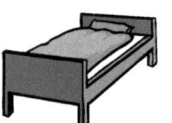

dipan
puñuna

kreto bayi
wawa kochi

meja kertu
naypi

teka-teki
pusli

komik
riwista

bata lego
legukuna

balok dolanan
wluki pukllana

boneka aksi
figura aksionmanta

klambi bayi
wuri wawapaq

frisbee
friswi

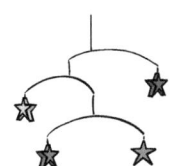
dolanan gantungan
wawa marq'a

dolanan meja
jamp'ara pukllana

dadu
dado

sepur dolanan
trin iliktriko purina

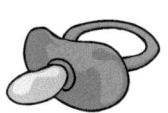
dot
maniki

pesta
raymi

buku gambar
futu p'anqa

bal
p'ulu

boneka
urpu

dolanan
pukllay

kamar anak - wawa k'uchu

panggon dolanan pasir
t'iyu p'utaki

ayunan
wallunk'a

dolanan
pukllana

konsol video game
wiriukunsula

sepeda roda telu
trisiklu

beruang teddy
jukumari pukllana

lemari sandhangan
p'acha jallch'ana

klambi
p'acha

kaos kaki
chakiwayaqa

stoking
chakiwayaqa qharipaq

kathok singset
chakiwayaqa

slendang
chalina

payung
parawa

kaos oblong
kamisita

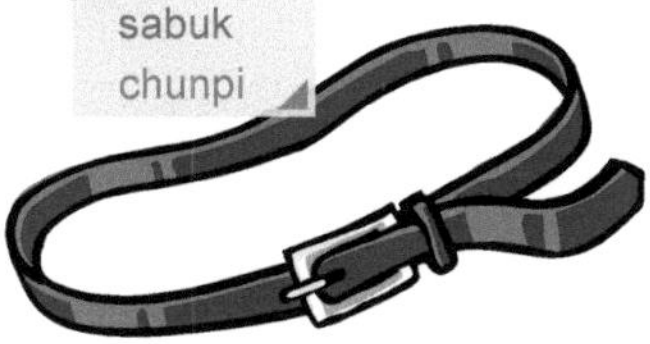

sabuk
chunpi

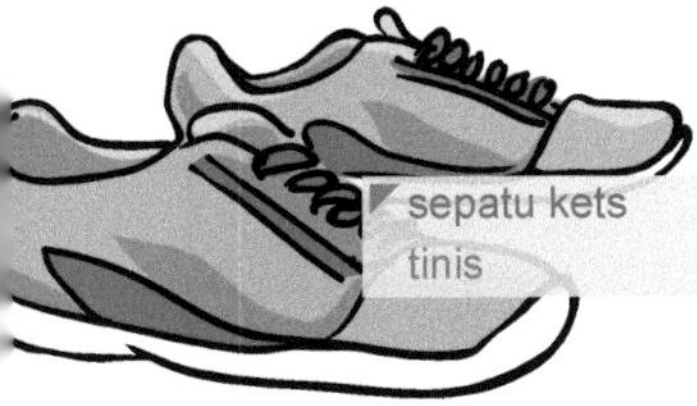

sepatu bot
wutakuna

slop
zapatillakuna

sepatu kets
tinis

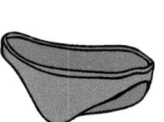

sandal
llanq'i

sepatu
phapatukuna

sepatu bot karet
wutakuna parapaq

sempak
ukhu p'acha

kutang
sustin

rompi
chaliku

klambi - p'acha

awak
wuri

kathok
pantalu kurtu

kathok jins
wakiru

rok
arphi

blus
wulusa

klambi
kamisa

jaket nganggo kudung
chumpa

sweter
chumpa

blezer
blazer

jaket
chakita

mantel
qhata

jas udan
yawardina

kostum
traji

gaun
wistiru

gaun manten
wistiru nowiamanta

setelan

traji

klambi kanggo turu

kamisun

piyama

piyama

kain sari

sari

kudung

wandana

serban

turbante

cadar

burka

kaftan

kaftan

abaya

abaya

klambi kanggo nglangi

traje mayllakunapaq

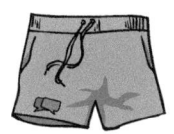

kathok renang

p'acha mayllakunpaq

kathok cekak

kurtu

klambi trening

p'acha tukuy p'unchawpaq

celemek

dilantal

sarung tangan

makiwayaqa

klambi - p'acha

benik
ch'itana

kacamata
gafakuna

gelang
maki watana

kalung
wallqa

ali-ali
siwi

anting-anting
linri quri

peci
q'aspa

gantungan mantel
p'acha warkhuna

topi
chharara

dasi
kurbata

slerekan
pantalu wisk'ana

helem
kasku

bretel
tirantikuna

sragam sekolah
uniforme

sragam
uniformi

klambi - p'acha

oto
llawsanapaq

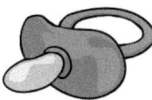

dot
maniki

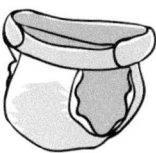

popok
jananta

kantor
ujisina

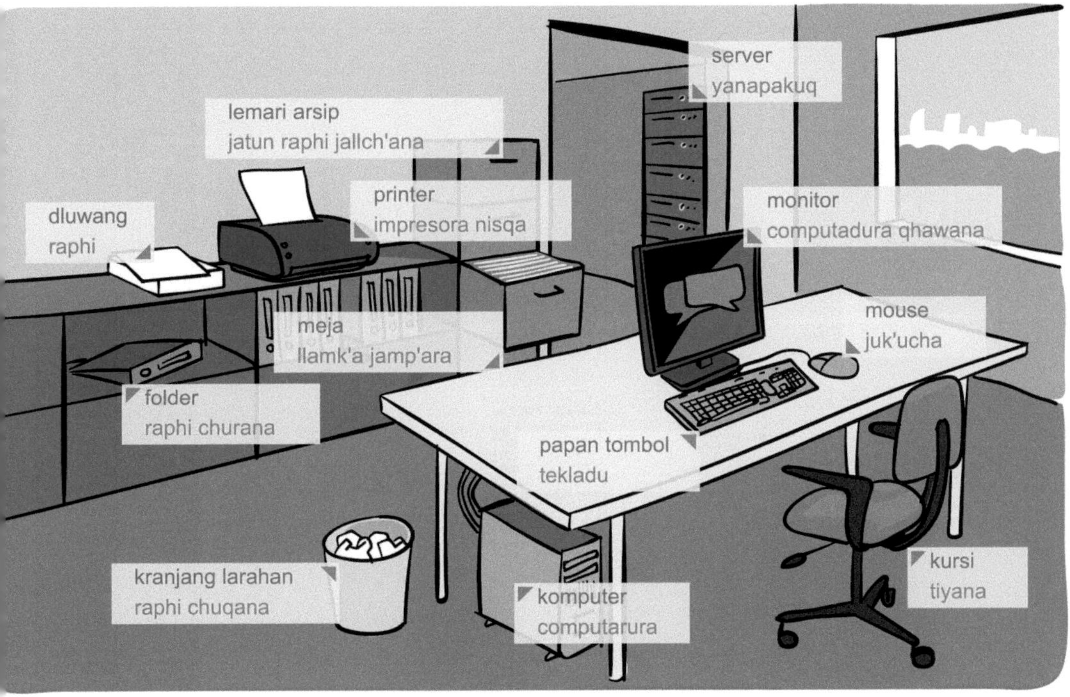

server
yanapakuq

lemari arsip
jatun raphi jallch'ana

printer
impresora nisqa

monitor
computadura qhawana

dluwang
raphi

meja
llamk'a jamp'ara

mouse
juk'ucha

folder
raphi churana

papan tombol
tekladu

kranjang larahan
raphi chuqana

komputer
computarura

kursi
tiyana

cangkir kopi
tasa cajimanta

kalkulator
calcularura

internet
intirnit

laptop

laptop

surat

chaki qillqa

pesen

willachiy

HP

silular

jaringan

red

mesin fotokopi

futukopia

software

software

telpon

tilijunu

colokan

toma corriente

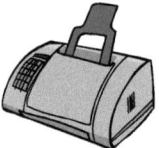

mesin faksimili

faks

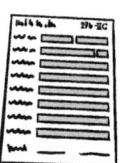

blangko

jurmulario

dokumen

asuy qillqa

kantor - ujisina

ekonomi
qullqikamay

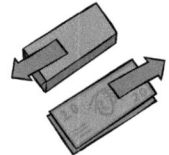
tuku
ranqhay

mbayar
qupuy

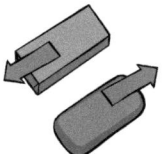
bebakulan
ranqhay

duit
qullqi

dolar
dólar qullqi

euro
iwro qullqi

yen
yen qullqi

rubel
ruwlu qullqi

franc Swiss
juranku swisu qullqi

yuan renminbi
rinminwi qullqi

rupe
rupia qullqi

cash point
kajiru awtumatiku

kantor pertukaran duit mancanegara

qullqi rantina wasi

emas

quri

perak

qullqi

minyak

pitruliu

energi

kallpa

rego

yupa

kontrak

mink'ay

pajek

impuistu

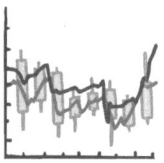

saham

aksiun

kerjo

llamk'ay

pegawe

llamk'achiq

juragan

llamk'achiq

pabrik

puquchiy kiti

toko

tienda

ekonomi - qullqikamay

gawean
llamk'aykuna

perwira polisi
ajinti policiamanta

petugas kobongan
wumwiru

tukang masak
wayk'uq

dokter
jampi kamayuq

pilot
pilutu

tukang kebon

inkill kamayuq

tukang kayu

llaqllaykamayuq

tukang jahit

siraykamayuq

hakim

khuskachaq

ahli kimia

jampi ranqhaq

aktor

aranwaq

sopir bis
awtuwus q'iwiq

sopir taksi
taksi q'iwiq

nelayan
challwakamayuq

tukang reresik
pichaq

tukang pasang gendheng
wasip qhatan

laden
wayna yanapaq

pamburu
chakuykamayuq

pelukis
llimp'iq

tukang roti
t'antiri

tukang listrik
iliktrisista

tukang mbangun
llam'kaq

insinyur
k'llikacha

jagal
ñak'aq

tukang ledeng
yaku kamayuq

tukang pos
qillqa apaq

gawean - llamk'aykuna

tentara
awqakuq

arsitek
wasikamayuq

kasir
kajiru

bakul kembang
t'ikachaq

juru rambut
chukcharutuq

kondektur
q'iwichiq

mekanik
mikaniku

kapten
wamink'a

dokter untu
kirukamayuq

ilmuwan
jamawt'a

rabbi
rawinu

imam
k'askachimuq

biksu
munji

pandhita
tata kura

gawean - llamk'aykuna

alat
ruk'awi

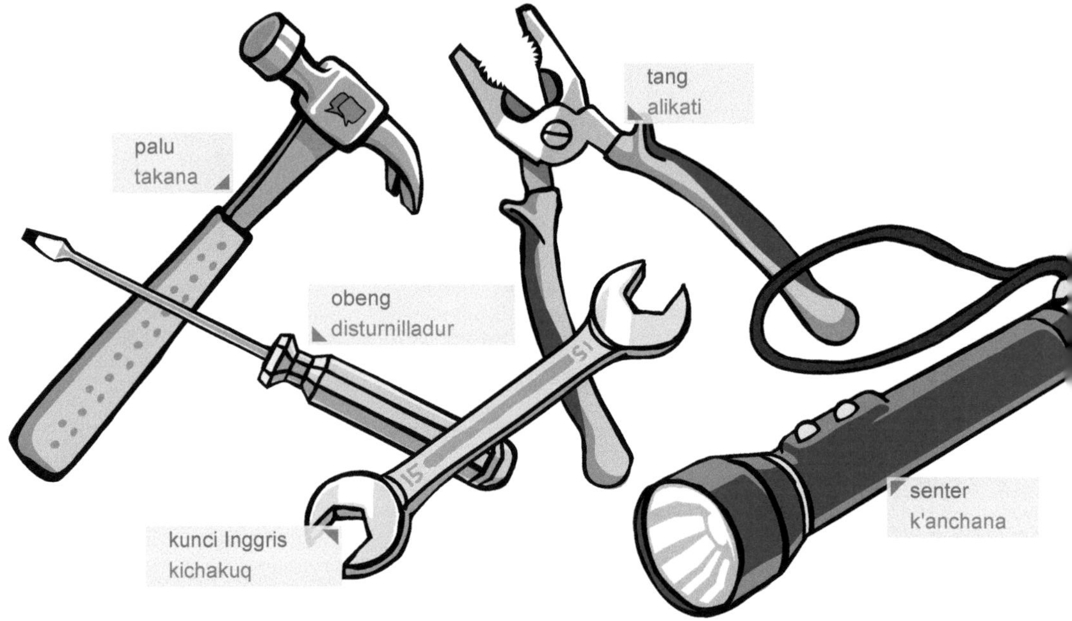

palu
takana

tang
alikati

obeng
disturnilladur

kunci Inggris
kichakuq

senter
k'anchana

mesin kerukan
ikskawadura

wadah perkakas
ruk'awi p'uktaki

andha
wichana makiyuq

graji
sierra

paku
takarpu

bur
talaru

ndandani
allinchay

sekop
lampa

Bajigur!
¡Supay apachun!

serok
q'upa tantana

kaleng cat
llimp'i churana

sekrup
turnillukuna

alat musik
takichiy nakuna

sak set tambur
watiria

speker
sumaq parlana

gitar
witarra

bass dobel
kuntrawaju

trompet
lata phuku

piano	biola	bass
pianu	wiulin	waju

timpani	tambur	keyboard
tinwalis	wankar	tikladu

saksofon	suling	mikropon
saksu	phukuna	mikrufunu

alat musik - takichiy nakuna

kebon kewan
jatun uywa kancha

- macan tutul / uthurunku
- lawang mlebu / yaykuna
- kandang / ch'iwa
- sebra / siwra
- pakanan kewan / uywa mikhunan
- panda / panda

kewan
uywa

gajah
ilijanti

kanguru
kanguru

badak
rinusirunti

gorila
gurila

beruang
jukumari

kebon kewan - jatun uywa kancha

unta
kamillu

manuk unta
suri

singa
puma

kethek
k'usillu

flamingo
pariwana

bethet
q'ichichi

beruang kutub
pular jukumari

pinguin
pinwinu

hiu
tiwurun

merak
pawu

ula
katari

baya
kukuwurilu

juru kunci kebon kewan
jatun uywa kancha arariwa

singa segara
fuka

jaguar
uthurunku

jaran poni

puni

macan tutul

lliwpardu

kuda nil

hipuputamu

jrapah

jirafa

garudha

anka

celeng

sintiru

iwak

challwa

bulus

turtuga

walrus

mursa

rubah

atuq

kidang

gacila

olahraga
atipanaku pukllay

bal-balan Amerika
amerikanu papawki pukllay

sepedahan
siklu rumpiy

tenis
tenis

basket
isanka papawki

nglangi
wat'aku

tinju
ñuk'anaku

hoki es
joki

bal-balan
papawki pukllay

badminton
watmintun

atletik
lanlak

bal tangan
kakcha

ski
iski

polo
pulu

kegiatan
ruwakuna

mencolot / phinkiy

ngrangkul / mak'alliy

ngguyu asiy

mlaku / puriy

nembang / takiy

ndonga / mañakuy

ngambung / much'ay

ngimpi / musquy

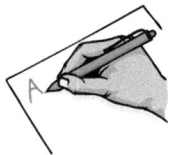

nulis
qillqay

nggambar
t'iktuy

nuduhake
qhawachiy

mencet
tanqay

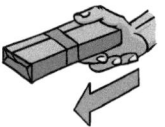

menehi
quy

njupuk
uqhariy

duweni
yuq

nindakake
ruway

yaiku
kay

ngadek
sayay

mlayu
t'ijuy

narik
chuqay

nguncalake
chuqay

tiba
urmay

ngapusi
siriy

ngenteni
suyay

nggawa
apay

lungguh
chukuchiy

klamben
p'achachakuy

turu
puñuy

tangi
rikch'ay

kegiatan - ruwakuna

ndheleng
qhaway

nangis
waqay

ngelus
waylluy

njungkati
sikray

ngomong
rimay

mangerteni
unanchay

takon
tapuy

ngrungoake
uyariy

ngombe
upyay

mangan
mikhuy

ngrapiake
kamachiy

nrisnani
khuyay

masak
wayk'uy

nyopir
q'iwiy

mabur
phaway

kegiatan - ruwakuna

nglayar
wamp'uy

itung
yupanchay

maca
ñawiriy

sinau
yachay

kerjo
llamk'ay

ngrabi
sawaray

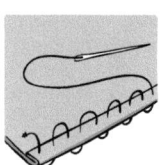

njahit
siray

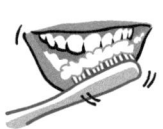

nyikat untu
kiru khitukuy

mateni
wanchiy

ngrokok
pitay

ngirim
kachay

kegiatan - ruwakuna

keluarga
yawar masikuna

- mbah putri / jatun mama
- mbah kakung / jatun tata
- bapak / tata
- ibu / mama
- bayi / wawa
- anak wedok / warmi wawa / ususi
- anak lanang / qhari wawa / churin

tamu
jamuynisqa

bu lik
ipa

pak lik
kaki

dulur lanang
tura/wawqi

dulur wadon
ñaña/pana

awak
uqhu

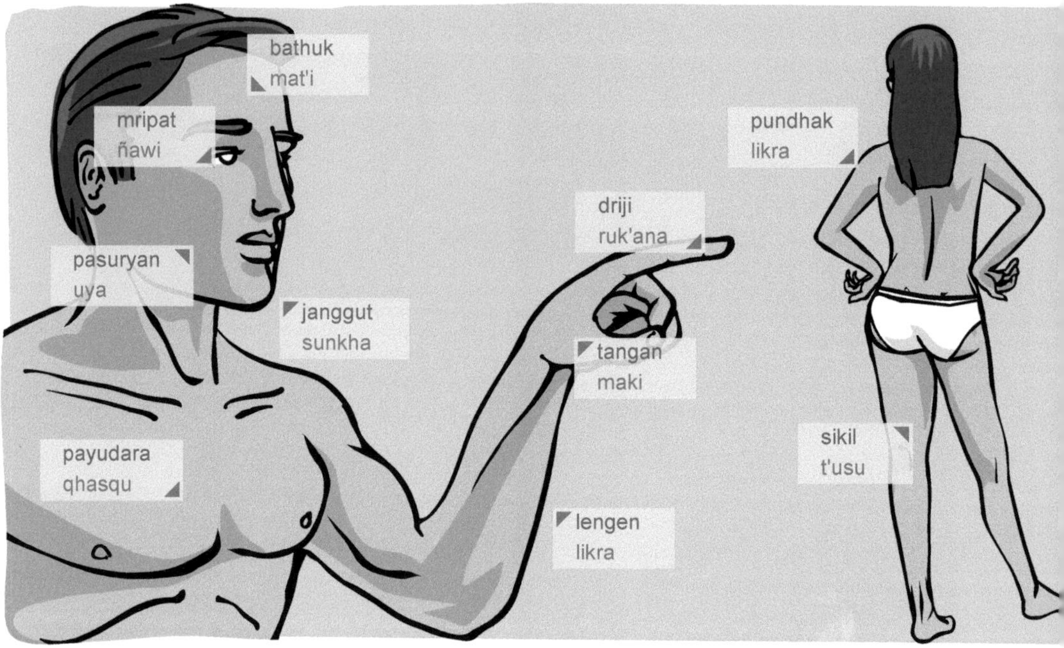

mripat / ñawi
bathuk / mat'i
pasuryan / uya
janggut / sunkha
driji / ruk'ana
pundhak / likra
tangan / maki
payudara / qhasqu
lengen / likra
sikil / t'usu

bayi
wawa

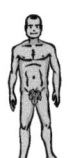

lanang
qhari

wadon
warmi

bocah wadon
sipas

bocah lanang
yuqalla

sirah
uma

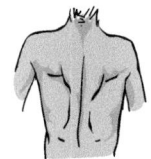

geger
wasa

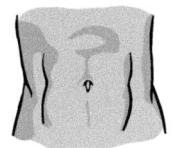

weteng
wisa ukhu

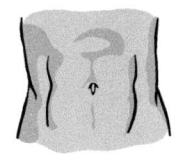

puser
pupu

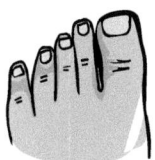

driji sikil
ruk'ana

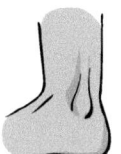

tungkak
takillpa

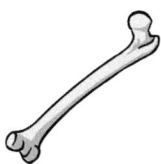

balung
tullu

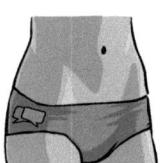

panggul
chaka

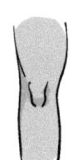

dengkul
muqu

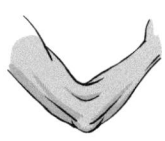

sikut
maki muqu

irung
sinqa

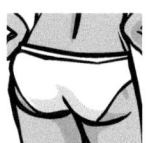

bokong
siki

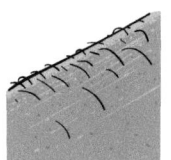

kulit
qara

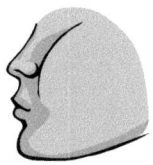

pipi
k'aqlla

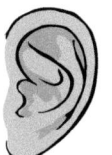

kuping
linri

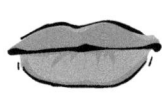

lambe
sipri

awak - uqhu

lisan
simi

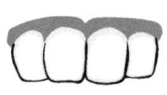
untu
kiru

ilat
qallu

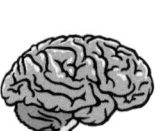
uteg
ñuqtu

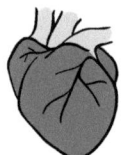
jantung
sunqu

otot
mach'i

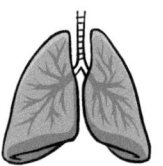
paru
surq'an

ati
k'iwicha

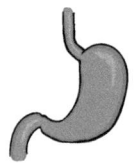
garba
wisa

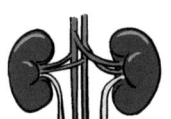
ginjel
wasa ruru

sanggama
lluq'anaku

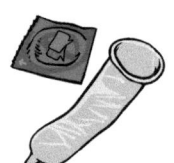
kondom
condon

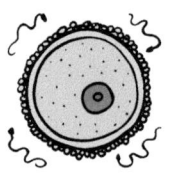
ovum
ch'uytu

mani
yuma

mbobot
wiksayuq kay

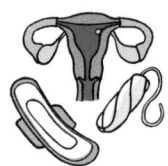
haid
k'ikuy

vagina
rakha

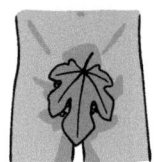
zakar
ullu

alis
qhichira

rambut
chukcha

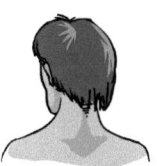
gulu
kunka

awak - uqhu

griya sakit
Jampina wasi

- griya sakit / Jampina wasi
- ambulans / ambulancia
- kursi roda / muyuq tiyana
- bentet / tullu p'akisqa

dokter
jampi kamayuq

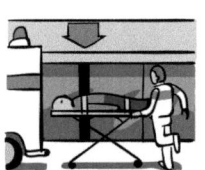
kamar gawat darurat
urgencia wasi

perawat
jampi yanapaq

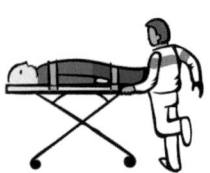
dharurat
urjinsia

ora sadar
mana yuyayniyuqchu

linu
nanay

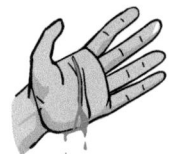
tatu
ñuti

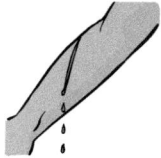
getihen
sirk'ay

serangan jantung
infarto

setruk
wayra

alergi
millachikuq

watuk
ch'uju

ngelu
k'aja unquy

pilek
p'urqi

diare
q'icha

mumet
uma nanay

kanker
isqu unquy

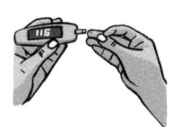
diabetes
diyawitis

ahli bedah
jampi kamayuq

lading bedah
bisturi

operasi
upirasiun

griya sakit - Jampina wasi

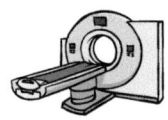

CT
TAC

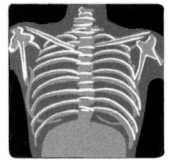

sinar x
tullurikuchi

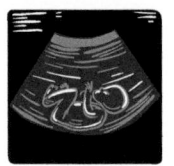

USG
ultrasunidu

masker
jark'ana

penyakit
unquy

kamar nunggu
suyanapaq k'illi wanlla

pitulung
tawna

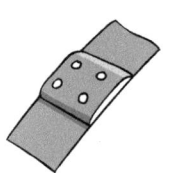

perban
tinta

perban
manku

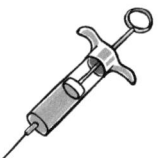

suntik
inyiksiun

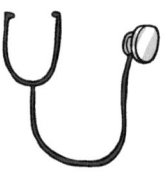

stetoskop
istituskupiu

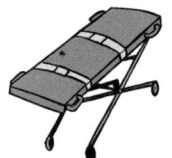

tandu
kallapu

termometer klinik
llaphi tupuna tupu

lair
paqarisqa

kalemon
wirachasqa

alat bantu dengar

audifono

disinfektan

disinjiktanti

infeksi

q'iyacha

virus

miyu

HIV/AIDS

VIH / SIDA

obat

jampi

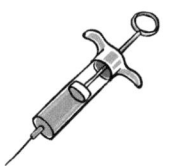

vaksinasi

wakuna

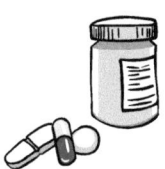

tablet

tawlitakuna

pil

pastilla

nomer telpon darurat

usqay waqyana

ngukur tensi getih

tinsiumitru

lara / waras

unqusqa / qhali

dharurat
urjinsia

Tulung! / alarem / sergap
¡Yaw! / alarma / manchay

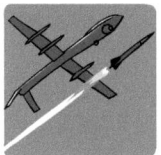  

serangan / bebaya / lawang metu dharurat
waykha / chhiki / punku utqay lluqsinapaq

Kobongan! / alat mateni geni / kacilakan
¡Nina! / nina wañichiq / ñak'ariy

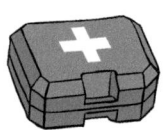  

pitulungan wiwitan / SOS / polisi
botiquin de primeros auxilios / SOS / pulisiya

bumi
Pacha

Eropa

Iwrupa

Amerika Lor

Chincha Amerika

Amerika Kidul

Qulla Amerika

Afrika

Ajurika

Asia

Asia

Australia

Awstralia

Atlantik

Atlantiku

Pasifik

Pasijiku

Samudra Hindia

Indiku mama qucha pacha

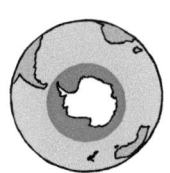

Samudra Antartika

Antartiku mama qucha pacha

Samudra Arktik

Artiku mama qucha pacha

Kutub Lor

chincha pulu

Kutup Kidul
qulla pulu

Antarktika
Antartida

bumi
Pacha

daratan
jallp'a

segara
mama qucha

pulau
tara

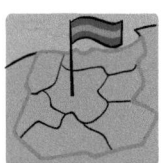

bangsa
llaqta

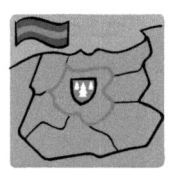

negara
Suyu

jam
phani (kuna)

layar jam
muruq'u

dom jam
phani tuqsiq

dom menit
chininiq

dom detik
ch'ipu yupaq

Jam piro saiki?
¿Ima phanitaq?

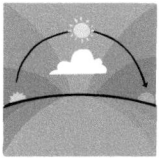
dina
p'unchaw

wektu
pacha

saiki
kunan

jam digital
dijital inti watana

menit
chinini

jam
phani

minggu
qanchischaw

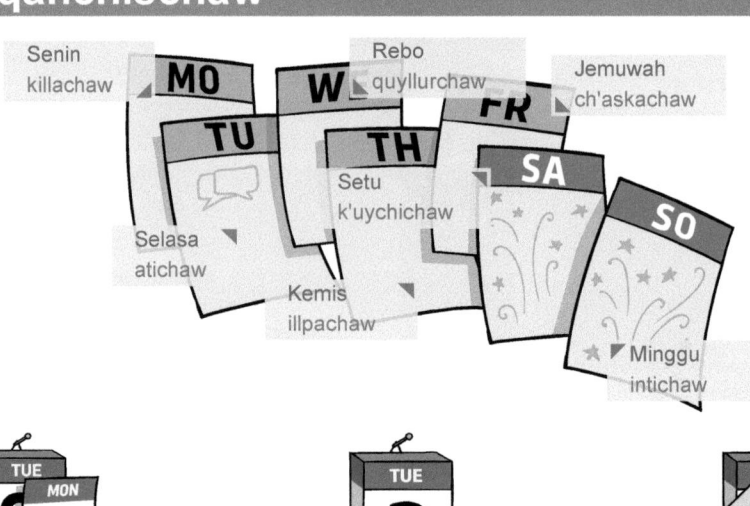

Senin — killachaw
Selasa — atichaw
Rebo — quyllurchaw
Kemis — illpachaw
Jemuwah — ch'askachaw
Setu — k'uychichaw
Minggu — intichaw

wingi
qayna

saiki
kunan

sesuk
p'unchaw

esuk
p'unchaw

awan
chawpi p'unchaw

bengi
sukha

dina kerja
llamk'ana p'unchawkuna

akhir minggu
tukuq qanchischawnin

tahun
wata

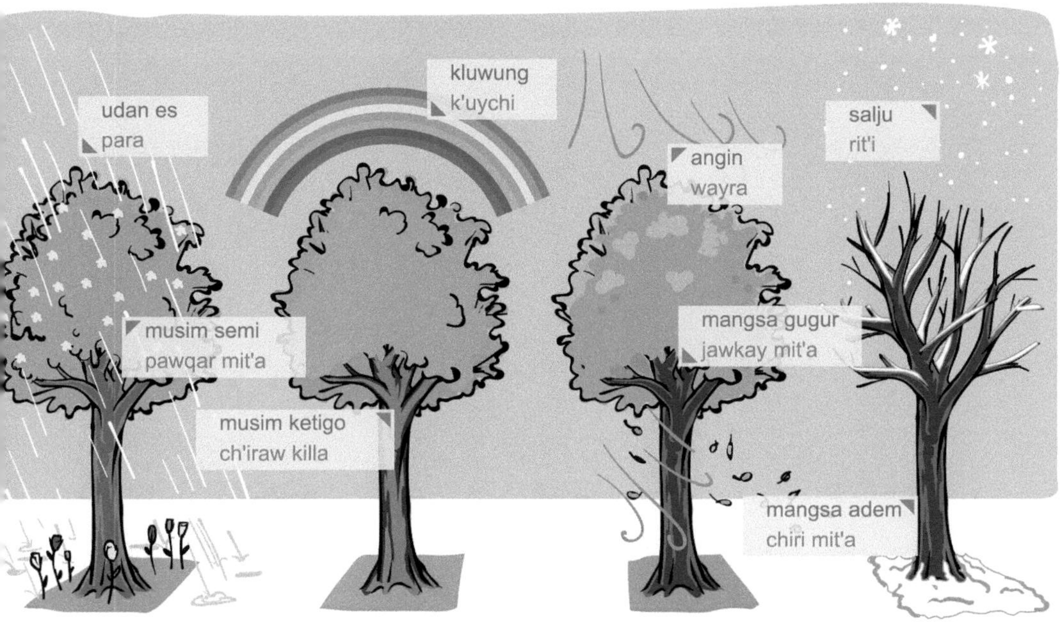

udan es
para
kluwung
k'uychi
angin
wayra
salju
rit'i
musim semi
pawqar mit'a
musim ketigo
ch'iraw killa
mangsa gugur
jawkay mit'a
mangsa adem
chiri mit'a

4.APRIL 11°
5.APRIL 4°
6.APRIL 13°
7.APRIL 8°
8.APRIL 10°

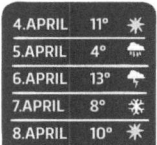

ramalan cuaca

inti raki

F
C
120
90
60
30
0
-30
40
30
20
10
0
-10
-20

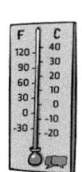

termometer

tirmumitru

srengenge

inti

mendhung

phuyu

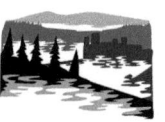

kabut

phuyu

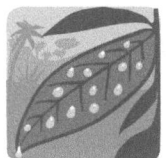

kelembapan

juq'u

kilat
illapa

bledheg
illapa

badai
tamya

udan es
chikchi

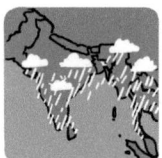

muson
muyuq wayra

banjir
lluqlla

es
chullunka

Januari
qhaqmiy killa

Februari
jatunpuquy killa

Maret
pachapuquy killa

April
ariwaki killa

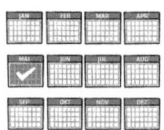

Mei
aymuray killa

Juni
jawkaykuskuy killa

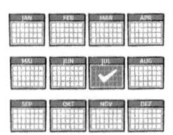

Juli
chakrakunakuy killa

Agustus
chakraypuy killa

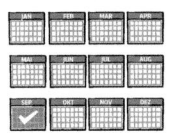
September
tarpuy killa

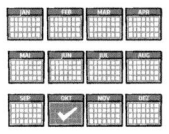
Oktober
pawqarwara killa

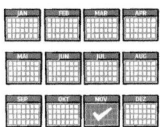
Nopember
ayamarq'ay killa

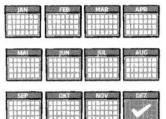
Desember
qhapaq inti raymi killa

wangun
pacha tupusqa rikch'ay

bunder
muyu yupa

kuadrat
tawak'uchu yupa

segi papat
sayt'u yupa

segi telu
kimsa k'uchu yupa

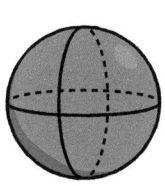
bal
muruq'u

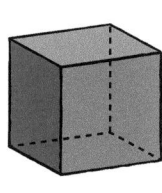
kubus
yupa wayru

warna
llimp'ikuna

putih
yurak

kuning
q'illu

oranye
willapi

jambon
panti

abang
puka

ungu
kulli

biru
anqas

ijo
q'umir

coklat
ch'umpi

abu-abu
uqi

ireng
yana

kontras
wakjinakuna

akeh / sithik

achkha / pisi

nesu / kalem

phiña / qhasi

ayu / elek

k'acha / millay

pawitan / pungkasan

qallariy / tukuy

gede / cilik

jatun / juch'uy

padhang / peteng

sut'i / tuta

sedulur lanang / sedulur wadon

wawqi / pana

resik / reged

llimphu / ch'ichi

pepak / ora pepak

junt'asqa / mana junt'asqa

awan / bengi

p'unchaw / tuta

mati / urip

wañusqa / kawsaq

jembar / sempit

chhuqu / k'ichki

iso dipangan / ora iso dipangan

mikhunapaq / mana mikhunapaqchu

ala / becik

sakra / k'acha

seneng / bosen

kusisqa / majisqa

lemu / kuru

rakhu / tullu

pisanan / pungkasan

ñawpaq / qhipa

kanca / musuh

masi / awqa

kebak / kosong

junt'a / ch'in

atos / empuk

k'urki / llamp'u

abot / enteng

llasa / chhalla

luwe / wareg

yarqhay / ch'akiy

lara / waras

unqusqa / qhali

illegal / legal

chanin / mana chanin

pinter / bodo

yuyaysapa / upa

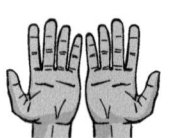

kiwa / tengen

lluq'i / paña

cedhak / adoh

qaylla / karu

anyar / lawas
musuq / mawk'a

ora ana / ana
ch'usaq / imapis

tuwa / enom
machu / wayna

urip / mati
jap'isqa / wanchisqa

buka / tutup
kichasqa / wisq'asqa

anteng / rame
ch'in / ch'aqwa

sugeh / mlarat
qhapaq / wakcha

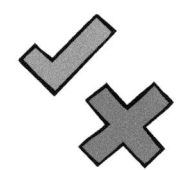

bener / salah
chiqan / mana chiqan

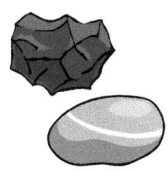

kasar / alus
qhachqa / llamp'u

susah / seneng
llakisqa / kusi

cendhak / dawa
k'aka / karu

alon / banter
jayra / utqay

teles / garing
juq'u / ch'aki

anget / adem
rupha / chiri

perang / tentrem
awqay / sunqu tiyakuy

kontras - wakjinakuna

angka
yupaykuna

0
nol
ch'usak

1
siji
uk

2
loro
iskay

3
telu
kimsa

4
papat
tawa

5
limo
phichqa

6
enem
suqta

7
pitu
qanchis

8
wolu
pusaq

9
songo
jisq'un

10
sepuluh
chunka

11
sewelas
chunka ukniyuq

12

rolas
chunka iskayniyuq

13

telulas
chunka kimsayuq

14

patbelas
chunka tawayuq

15

limolas
chunka phichkayuq

16

nembelas
chunka suqtayuq

17

pitulas
chunka qanchisniyuq

18

wolulas
chunka pusaqniyuq

19

songolas
chunka jsq'unniyuq

20

rong puluh
iskay chunka

100

satus
pacha

1.000

sewu
waranqa

1.000.000

sak yuto
junu

angka - yupaykuna

basa-basa
simikuna

basa Inggris
inklis simi

basa Inggris Amerika
amerikanu inklis simi

basa Cina Mandarin
mandarin chinu simi

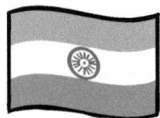
basa Hindi
jindi simi

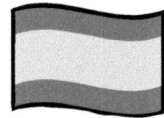
basa Spanyol
castilla simi

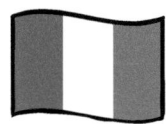
basa Prancis
fransis simi

basa Arab
arabia simi

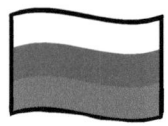
basa Rusia
rusia simi

basa Portugis
purtugal simi

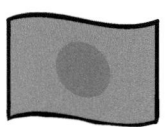
basa Bengali
bingali simi

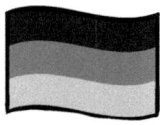
basa Jerman
alimania simi

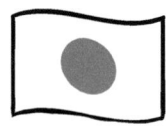
basa Jepang
japun simi

sapa / apa / piye
pi / ima / imayna

aku
ñuqa

kowe
qam

dheweke
pay / pay / chay

kita
ñuqanchik

kowe kabeh
qamkuna

dheweke kabeh
paykuna

sapa?
¿pitaq?

apa?
¿imataq?

piye?
¿imaynataq?

neng endi?
¿maypitaq?

kapan?
¿mayk'aq?

jeneng
suti

neng endi
maypi

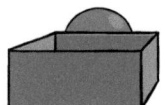

mburi
qhipa

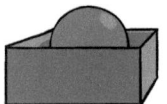

ing jero
pi

ing ngarep
ñawpaq

ing dhuwure
pantanpi

ing
pata

ing ngisore
uranpi

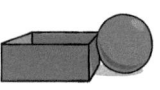

sisih
kuska

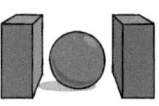

antarane
chawpi

panggonan
chiqan